AF224369

DISTRIBUTION

DES

PRIX DE VERTU

au Grand Théâtre

LE DIMANCHE 23 DÉCEMBRE 1894

SOUS LA PRÉSIDENCE DE

M. Théophile ROUSSEL

Sénateur,
Membre de l'Institut,
Président du Conseil supérieur de l'Assistance publique

REIMS

IMPRIMERIE A. MARGUIN, RUE DE LA GRUE, 6 ET 8

Successeur de MASSON-GÉRARD

—

1895

Prix cartonné

8º R

12862

DISTRIBUTION

DES

PRIX DE VERTU

Au Grand Théâtre

Le Dimanche 23 Décembre 1894

Présidence de M. Théophile ROUSSEL

Sénateur,

Membre de l'Institut,

Président du Conseil supérieur de l'Assistance publique.

La séance est ouverte à 3 heures, sous la présidence de M. Théophile ROUSSEL, Sénateur, Membre de l'Institut.

Prennent place au bureau : M. le Dr H. Henrot, Maire ; M. V. Diancourt, Sénateur ; MM. les Généraux Percin et de Colbert ; M. Viguié, Préfet de la Marne ; M. le Vicaire-Général Péchenard, délégué de M. le Cardinal-Archevêque ; M. Herbaux, Procureur de la République ; M. le Mahout, Vice-Président du Tribunal Civil ; M. A. Walbaum, Président du Tribunal de Commerce ; M. Godin, Intendant militaire ; M. le Lieutenant-Colonel Baudot ; M. le Commandant Franck ; MM. Maillet-Valser, Morizet, Jolly et Richard, Adjoints au Maire ; M. Ch. Marteau, Président de la Société Industrielle ; M. Bourguin, Ingénieur en Chef de la Navigation ; M. l'Ingénieur Pigache ; M. le Proviseur du Lycée ; M. l'Abbé Martincourt, Curé de Saint-Maurice ; M. le Pasteur Lauga ; M. le Rabbin Hermann ; M. de Deffroy, Vice-Président du Bureau de Bienfaisance ; M. Sacy, Président du Conseil des Prud'hommes ; M. Farre, Président de la Compagnie des Sauveteurs ; MM. les Officiers des Sapeurs-Pompiers ; MM. les Membres du Conseil Général, du Conseil d'Arrondissement et du Conseil Municipal.

MM. les Membres du Conseil des Prud'hommes ; MM. les

Juges de Paix ; Mesdames les Présidentes de l'Œuvre de la Miséricorde et de la Société de Charité Maternelle ; MM. les Présidents et les Membres des diverses Sociétés de Secours Mutuels de la Ville ; MM. les Commissaires du Bureau de Bienfaisance ; enfin, les Lauréats désignés en 1894, occupent les places qui leur ont été réservées.

Un public nombreux et sympathique remplit la Salle.

La Musique Municipale prête son concours à cette Fête et se fait entendre lors de l'entrée du bureau.

Dès l'ouverture de la séance, **M. le Maire** présente M. le Sénateur **Théophile Roussel** à l'assistance dans les termes suivants :

MESDAMES,

MESSIEURS,

Nous avons rappelé hier à l'Hôtel de Ville les titres que M. Théophile Roussel a à la reconnaissance de la Municipalité ; nous l'avons remercié du concours précieux qu'il nous a donné. Nous avons dit ce que fut le médecin, le savant, le lauréat de l'Institut, le membre du parlement qui, dans trois ans comptera cinquante années de vie parlementaire.

En vous présentant aujourd'hui l'éminent membre de l'Institut qui nous fait l'honneur de présider cette solennité, nous nous faisons d'abord l'interprète de la Municipalité tout entière pour le remercier d'être venu au milieu de nos travailleurs apporter sa parole si persuasive, quoiqu'encore incomplètement remis d'une sérieuse indisposition.

Nous avons eu l'honneur de connaître M. Roussel au Conseil supérieur de l'Assistance publique qu'il préside depuis sa fondation avec tant d'autorité et de dévouement ; de tout le bien qu'a pu faire cette assemblée, notre honorable Président peut en revendiquer la plus grande part ; c'est sous sa direction que les projets de lois sur les Enfants assistés, sur les enfants moralement abandonnés, sur les Maternités, sur l'organisation de la médecine gratuite, sur l'amélioration du sort des sourds et muets et des aveugles, et sur les asiles réservés à la vieillesse, ont été discutés et votés, et que le Parlement a pu entrer dans cette voie de *réalisation* d'améliorations sociales si impatiemment attendues.

Ce grand cœur, vous le voyez, est ouvert à tous ceux qui souffrent ; sa sollicitude prend l'être avant sa naissance et le suit jusqu'aux limites extrêmes de la vie ; la maladie, l'infirmité, la déchéance physique ou morale, en un mot, tout ce qui amène une souffrance ou un degré d'infériorité de la personne humaine, obsède sa pensée jusqu'au moment où il croit avoir trouvé le remède à tant de maux.

M. Roussel n'a pas attendu que le Gouvernement ait chargé des Commissions d'étudier ces grands problèmes sociaux ; il y a plus de vingt ans que son attention était attirée sur la mortalité excessive des nourrissons qui, de Paris, étaient envoyés en province ; dans certains départements, la mortalité était révoltante, elle atteignait le chiffre formidable de 93 0/0 ; ces faiseuses d'anges, comme on les appelait, exerçaient leur honteux métier, sans être retenues par aucune surveillance.

On ne tuait pas l'enfant, bien certainement, mais on le laissait mourir de faim et de malpropreté.

M. Roussel jeta à l'Assemblée nationale un tel cri de détresse, ses accents furent si pénétrants, que tout le pays en fut ému. C'est sous cette pression de tous les honnêtes gens que la loi de la protection de l'enfance fut votée et promulguée ; cette loi, Mesdames et Messieurs, on l'appela *la loi Roussel*.

Combien, depuis ce moment, de centaines de mille d'enfants ont pu être sauvés ; nous ne savons si le compte en a été fait, et s'il est même possible de l'établir ; ce que l'on peut affirmer, c'est que cette loi constitue un véritable bienfait.

La natalité reste en France à peu près égale à la mortalité, tandis que dans les pays voisins il y a un excédent considérable de naissances sur les décès : l'humanité et le patriotisme sont directement intéressés à son bon fonctionnement.

La Ville de Reims a été l'une des premières à l'appliquer aussi sérieusement que possible. Pendant huit années une Commission composée d'une cinquantaine de dames dévouées se réunissait chaque mois pour rendre compte des visites qu'elles avaient faites, des nourrices qu'il fallait interdire à cause de leur manque de soins et de toutes les améliorations à apporter.

Pendant cette période, il y a eu une moyenne de trois cent cinquante enfants surveillés ; depuis la suppression administrative si malheureuse de ce Comité, la moyenne de 250 est tombée en 1893 à 194.

Vous voyez, mon cher président, que dès le début nous avons compris votre grande et noble pensée. La persistance du dévouement chez les dames inspectrices vous prouve aussi combien toutes ces mères de famille se sont faites vos auxiliaires et ont su apprécier l'esprit élevé qui a conçu le projet d'arracher à la mort un si grand nombre d'enfants.

Nous n'avons pas besoin, Mesdames et Messieurs, de vous parler de l'académicien, du sénateur, nous l'admirons dans son œuvre qui est au-dessus de tout éloge.

M. Théophile Roussel est un des grands bienfaiteurs de l'humanité : vous, Mesdames et Messieurs, qui consacrez votre temps au soulagement de toutes les misères, vous comprenez toute l'importance de l'œuvre humanitaire et patriotique à laquelle il a voué sa vie.

Au nom de la Ville de Reims, mon cher Président, soyez le bienvenu parmi nous. *(Applaudissements unanimes).*

M. Théophile Roussel prononce le discours suivant :

Mesdames,
Messieurs,

Je dois, avant tout, remercier l'Administration municipale et en particulier M. le Maire de Reims, mon éminent Collègue au Conseil supérieur de l'Assistance publique, de l'accueil si cordialement aimable qui m'a été fait hier soir à l'Hôtel de Ville, et de l'honneur que j'ai, aujourd'hui, de présider cette fête consacrée, grâce à la générosité bienfaisante des meilleurs citoyens de cette ville, à honorer la Vertu chez les Travailleurs rémois et à décerner des récompenses aux actions vertueuses.

Après ce remerciement, je dois faire un aveu : avant d'avoir lu les compte-rendus des distributions de prix faites depuis 1890, dans cette même salle, je ne connaissais pas d'autres prix de vertu que ceux dont l'Académie française fait, chaque année, une distribution solennelle et qui remontent à la fondation faite par M. de Montyon en 1782 d'un prix comprenant une somme d'argent et un éloge écrit destiné à mettre en honneur « *l'action la plus vertueuse faite par un français pauvre dans le cours des deux années précédentes* ».

L'idée d'honorer la vertu, de la propager en attachant à ses manifestations des louanges et une récompense pécuniaire ne pouvait pas être acceptée sans contradictions ni mise en pratique sans laisser prise à la critique et à l'ironie. La vertu, au sens originel, latin du mot, n'est-ce pas précisément la force d'âme, la puissance morale par laquelle l'homme s'élève au-dessus de lui-même, de ses penchants, de ses passions, de son intérêt personnel pour faire le bien et remplir les devoirs les plus difficiles ? La Vertu, considérée à cette hauteur idéale, est assurément au-dessus de toute rémunération en argent ou en satisfaction d'amour-propre. Ceux qui sacrifient à cet idéal là placent en une autre vie la récompense, où s'ils la trouvent, c'est en eux-mêmes, c'est au fond de leur conscience dans la satisfaction inséparable de la bonne action faite et du devoir rempli.

Si M. de Montyon et les fondateurs de prix de vertu qui ont suivi son exemple avaient placé leur but à cette hauteur, pourrait-on compter aujourd'hui à l'Académie française, au lieu de l'unique prix de la fondation première, les 98 prix de vertu énumérés à la suite du spirituel rapport académique présenté le 22 novembre dernier ?

Il ressort des documents relatifs aux anciennes distributions faites au Palais de l'Institut que les prix de vertu ont été donnés, dès l'origine, en récompense d'actes de courage pour sauver la vie humaine, secourir des naufragés, de la fidélité de domestiques, qui avaient, disait-on, *anobli leur état* en se faisant les soutiens de leurs maîtres tombés dans la pauvreté, de la conduite exemplaire d'enfants qui, suivant l'expression d'un ancien rapport « *s'étaient honorés par leur sensibilité filiale* ». On a donné vers la même date un prix à la vaillance d'une femme qui avait délivré un prisonnier de la Bastille.

Les choses n'ont pas changé beaucoup depuis. Certains fondateurs de prix ont marqué la signification qu'ils entendaient donner à l'expression *action vertueuse* employé par M. de Montyon, en déclarant que leur prix sera : comme le prix Montyon, donné en récompense d'*actes de dévouement et de courage ;* d'autres en plus grand nombre et avec des formules variées, ont visé particulièrement les *exemples de pitié filiale ;* quelques-uns se sont contentés de la bonne conduite dans la pauvreté : c'est ainsi que pour décerner le prix Louise Boutigny (500 fr.), il suffit d'avoir trouvé un *ménage légitime frappé par des revers de fortune ou un ménage d'ouvriers rangés.*

Les fondateurs Rémois dont je suis heureux de saluer aujourd'hui l'œuvre collective, se sont même plus préoccupés de la vertu qui se manifeste par des actes éclatants que de celle, plus méritoire en général et socialement plus utile que des philosophes anciens dont Saint-Augustin parle dans la Cité de Dieu appelaient l'*Art de bien vivre.* Les actions vertueuses récompensées à Reims sont celles qui se rencontrent au milieu des dures réalités de la lutte pour l'existence, là où la vie humaine est aux prises avec la pauvreté et l'infortune ; elles se manifestent par le courage dans le travail, l'honnêteté dans le dénuement, la pratique exemplaire de la vie domestique.

Je ne connais encore des origines et de l'histoire des Prix de Vertu de Reims que ce que m'ont appris quelques lectures et mes conversations d'hier. Cette histoire qui semble remonter à peine à 30 ans, c'est-à-dire aux prix Buirette (1865) et au prix Boucher de Perthes (1866), mérite d'être écrite ; on m'assurait hier qu'elle le sera. En attendant il suffit de parcourir, comme je viens de le faire, les comptes-rendus des deux dernières distributions présidées ici par mes amis et confrères à l'Institut, Léon Say et Frédéric Passy, pour apercevoir le trait dominant des œuvres rémoises, la préoccupation, chez leurs auteurs, du sort des bons ouvriers et des familles ouvrières attachées au commerce et aux industries locales.

Il suffit de lire les formules des fondations pour s'en assurer. Les plus anciens prix, les prix Buirette doivent être décernés, le premier (de 1,000 fr.), à un *rémois qui se sera distingué par un service rendu au pays, par une invention utile ou par une belle action ;* le second (qui comprend six primes, chacune de 500 fr.), est destiné à *six ouvriers de la fabrique de Reims* d'une conduite honorable.

Le prix Boucher de Perthes, qui remonte à 1866, a été fondé pour un *ouvrier de Reims recommandable par sa conduite et son travail.*

La formule de la fondation due à Mme Doyen-Doublié (500 fr.) est la suivante : Récompenser un ouvrier appartenant à une des industries du bâtiment qui se sera distingué par son travail, sa conduite et surtout par l'accomplissement de ses devoirs filiaux.

Le prix Cazier (500) est donné à une famille d'ouvrier intéressante par sa probité, sa moralité et son travail.

Le prix fondé par Mme Filloux d'Arrentières est destiné à *la mère de famille la plus recommandable par ses vertus et par la façon honorable dont elle aura élevé ses enfants.*

L'un des deux prix de 500 fr. chacun de la fondation Huet-Troyon est décerné à une ouvrière, née de préférence à Reims, de très bonne conduite, mariée ou non, et méritant cette récompense par une bonne action, et par la commisération pour des malheurs ; l'autre est donné à un ouvrier dans les mêmes conditions.

Le prix Ernest Irroy est accordé à des ouvriers d'une conduite honorable, appartenant au travail du vin de Champagne.

Sur le montant du prix Jules Henrot, qui s'élève à 1,463 fr., une somme de mille francs est distribuée par la Ville en livrets de caisse de retraite à des enfants pauvres travaillant dans les diverses industries de la Ville.

Est-il besoin d'épuiser la liste déjà longue de ces prix pour qu'il soit évident que la pensée directrice des fondations rémoises, c'est de récompenser le bon ouvrier rémois, d'assister sa famille, d'honorer le travail comme vertu sociale et comme le grand instrument de triomphe dans la lutte pour la vie.

Parmi ces fondations expressément réservées aux industries locales, il en est qui méritent d'être particulièrement signalées et proposées en exemple : je veux parler des prix Goulden, de Mumm et de Guaita qui peuvent être transformés en rentes viagères au profit des bons ouvriers qui les obtiennent. Les quatre prix Goulden (de 400 francs chacun) ont été fondés pour les meilleurs ouvriers employés au travail des vins de Champagne et devenus impropres à ce travail par le progrès de l'âge ou par la maladie.

Je trouve dans un extrait du dernier rapport de l'adjoint au Maire, M. Maillet, que l'Administration municipale a pu l'année dernière, grâce aux prix Mumm et à la dotation nouvelle de Guaita, distribuer treize prix de 300 francs chacun aux bons ouvriers ayant travaillé pendant cinq ans au moins dans le commerce des vins mousseux et qui, à raison de leur âge ou de leurs infirmités, semblaient les plus méritants.

Je dois noter encore un point dans les prix donnés ici aux actions vertueuses : la liberté laissée à leurs auteurs d'en réclamer eux-mêmes la récompense. Il n'en est pas ainsi à l'Académie française. Le programme officiel porte que *l'action vertueuse doit être exposée dans un mémoire très détaillé, appuyé de pièces justificatives probantes et de certificats authentiques ; que le mémoire ne doit être ni signé, ni adressé par la personne présentée, attendu qu'il convient à la véritable vertu, sinon de s'ignorer ou de se cacher, du moins de ne pas s'affirmer et entrer en compétition pour demander et obtenir des récompenses.* »

L'auteur du dernier Rapport académique sur les prix de vertu déclare que « les auteurs d'actes vertueux, qui ont fait eux-mêmes le bilan de leur vertu, sont immédiatement suspects et que même tous leurs garants ne sont pas à l'abri des suspicions plus ou moins fondées ». Il y a notamment une catégorie de garants que l'Académie, suivant le Rapporteur, traite avec une impitoyable rigueur. « *Ce sont généralement,* dit M. Ludovic Halévy, *de vieux messieurs de province qui écrivent : J'ai une servante admirable, qui depuis de longues années, se contente des gages les plus modestes, me prodigue les soins les plus tendres. Si elle venait à me quitter je ne sais ce que je deviendrais ; jamais je ne pourrais la remplacer. Donnez-lui, je vous prie, Messieurs, un petit prix de vertu* ».

En réalité, il faut bien le dire, les précautions prises pour écarter la demande directe des aspirants aux prix de vertu, sont généralement de pure apparence. On peut dire pour le plus grand nombre d'actions récompensées au Palais Mazarin, que si leurs auteurs ne sont pas les signataires des demandes, ils en sont les premiers inspirateurs, et je pourrais affirmer personnellement, que plus d'un beau morceau d'éloquence manquerait au Recueil des Rapports académiques, si les auteurs, méritants d'ailleurs, des actions qui les ont inspirés, étaient restés étrangers aux pétitions et certificats envoyés pour eux au secrétariat de l'Institut. On a raison, à Reims, de trouver tout simple et de trouver bon qu'un brave ouvrier Rémois, ayant conscience de mériter une des récompenses qui se distribuent chaque année dans ce théâtre, fasse connaître son désir de l'obtenir.

« *Les candidats pour les prix Buirette de 500 fr.,* disait l'année dernière, M. l'Adjoint au maire, Jolly, *ont été cette année plus nombreux que jamais : 31 demandes nous ont été adressées, la plupart dignes du prix qu'elles sollicitent* ». — Parlant du prix de 500 fr. Emile Cazier, le même rapporteur disait : « *Malgré tous ses mérites, Robe sollicitait vainement cette récompense depuis 4 ans. Il ne s'est pas découragé et il a bien fait, il est vrai que ses titres ont continué à s'accroître. Excellent ouvrier, sobre, travailleur consciencieux, il a continué à donner la plus entière satisfaction à son patron ; il avait 7 enfants ; cette année il en a 9* ».

N'est-ce pas bonne justice qu'après une vérification facile à faire dans un milieu restreint, les récompenses aillent là où elles peuvent faire le plus de bien, et n'est-il pas satisfaisant qu'elles arrivent en évitant les faux semblants et dispensant d'une fausse modestie ceux qui les ont méritées ?

Je ne ferai plus qu'une remarque qui ressort de mes lectures d'hier : Le montant total des prix à distribuer dans la circonscription de Reims est déjà, toutes proportions gardées, supérieur à celui que l'Académie française a pour mission de distribuer dans nos 86 départements.

M. le Maire de Reims disait, le 24 décembre dernier, en remerciant ses concitoyens qui se sont signalés par leur bienfaisance : « Nous allons distribuer pour quinze mille francs de prix de fondation ; si nous ajoutons les prix accordés par la Ville à la Caisse de Réassurance des Sociétés mutuelles et à la Société de Secours mutuels la mieux organisée, les livrets de caisse de retraite et le prix de Mme Doyen-Doublié... c'est une somme de plus de 21,000 francs qui va être distribuée. » C'est avec bonheur, ajoutait M. Henrot, que tous les ans nous voyons s'accroître le nombre de ces prix qui exercent sur notre population ouvrière une si grande influence moralisatrice.... N'est-il pas consolant de constater le grand nombre de personnes qui ont compris le besoin de fortifier cette solidarité si désirable entre les habitants d'une même ville pour faire de notre agglomération comme une seule et grande famille où ceux qui sont le mieux partagés sous le rapport de la fortune viennent au secours de leurs frères malheureux et qui tiennent à laisser après elles un témoignage de sympathie pour ceux qui souffrent. »

J'aime, Mesdames et Messieurs, à reprendre ces belles paroles et je voudrais que des voix, plus fortes que la mienne, les fissent entendre au loin afin de susciter partout une noble émulation de générosité et de bienfaisance active. On arriverait, ainsi, à former une puissante ligue du bien public et la plus salutaire des propagandes à opposer à cette propagande funeste qui fomente la haine au sein des masses ouvrières, les égare sur leurs intérêts et les pousse à chercher dans le bouleversement social des améliorations de leur sort qui ne peuvent résulter que des réformes successives, pacifiques et de l'accord de tous.

L'exemple que les meilleurs citoyens de la Ville de Reims donnent avec éclat depuis un certain nombre d'années mérite déjà la reconnaissance de la France entière. Il a une véritable portée sociale. A la place où je suis, le 18 décembre 1892, M. Léon Say le reconnaissait déjà lorsqu'il appelait cette fête, « la Fête du dévouement, de la bonté et de la paix sociale ».

Il y a cent ans, la révolution française inscrivait dans sa devise républicaine, après la *Liberté* et l'*Egalité*, un troisième terme, la *Fraternité*. La Liberté et l'Egalité ont été l'objet de nos longs efforts et de nos luttes politiques et l'on peut dire aujourd'hui que leur règne est arrivé dans notre pays. Peut-on dire que la *Fraternité* sans laquelle ce règne ne peut être assuré et prospère ait eu la place nécessaire dans nos préoccupations et nos efforts ? C'est par elle seule cependant que nous donnerons à notre pays la possession de son bien le plus précieux, la paix sociale.

Les bons citoyens de Reims ont voulu travailler à faire régner la Fraternité dans cette grande cité. Qu'ils en soient loués et puissent-ils ne pas s'arrêter dans cette voie féconde !

Puissions-nous y voir marcher à leur exemple toutes nos grandes

villes ! Le jour où ce mouvement sera général ; lorsque dans nos chefs-
lieux on célébrera comme ici, la fête de la solidarité et de la fraternité,
ce jour là le règne de la paix sociale, qui n'est encore que le meilleur de
nos rêves sera bien près d'arriver...

Ce discours, fréquemment interrompu par des applaudissements, se termine au milieu des acclamations de toute la salle.

M. le Maire prend alors la parole en ces termes :

MESDAMES,

MESSIEURS,

Après les éloquentes paroles que vient de prononcer notre éminent
Président, vous trouverez bien arides les quelques renseignements statis-
tiques qui vont suivre ; il est cependant nécessaire de poser devant vous
le bilan de la bienfaisance dans notre ville pendant l'année 1894 ; nous
constatons à regret un mouvement de décroissance marqué. Nous allons
cependant distribuer pour 21.095 francs de prix.

A nos prix de fondation qui, cette année, ont été recherchés par cent-
cinquante-huit candidats, est venu s'ajouter le prix fondé par M. Charles
Rogelet pour une personne pauvre qui en sera jugée digne par sa bonne
conduite et son dévouement filial.

Nous avons rappelé la vie laborieuse de notre nouveau donateur, nous
remercions à nouveau sa famille.

Le Musée n'a rien reçu de l'État et cependant il y a peu de villes qui,
en 1894, aient organisé, par les soins de la Société des Amis des Arts,
une plus belle exposition. Nous espérons que cet oubli sera prochainement
réparé.

Nous avons reçu de particuliers, pour la Bibliothèque et pour le Musée,
une vingtaine de dons qui ont déjà été signalés.

Le nombre des livrets de Caisse de Retraite qui était de 67 en 1892, de
123 en 1893, est cette année de 137.

Les établissements d'assistance ont reçu :

Le Bureau de Bienfaisance	40.000 fr.
La Caisse Maternelle	5.000
La Société de Charité Maternelle	16.800
L'Asile de Nuit	1.600
Les Hospices	6.000
La Miséricorde	4.700
Les Petites-Sœurs des Pauvres	5.000

La Commission de répartition du Pari mutuel, qui a bien voulu accorder

80.000 francs aux Hospices pour la création d'une annexe à Saint-Marcoul pour les enfants, vient heureusement combler la diminution des dons particuliers.

Cette Commission était présidée par l'honorable M. Théophile Roussel ; nous savons qu'il a examiné avec le plus grand soin et avec une grande bienveillance la situation de nos établissements hospitaliers.

Nous sommes heureux de la présence à cette fête de l'éminent Sénateur, pour lui exprimer, au nom de notre population toute entière, nos sentiments de profonde reconnaissance pour l'appui que, dans cette circonstance, il a bien voulu nous donner. Nous désirons laisser à M. Roussel un témoignage durable de notre gratitude pour l'honneur qu'il nous fait en présidant cette fête ; aussi nous vous prions d'accepter, mon cher Président, cette médaille commémorative, où se trouvent unis votre nom et celui de la Ville de Reims. *(Longs Applaudissements).*

M. Th. Roussel, profondément touché de cette marque de sympathie, remercie M. le Maire en termes émus :

Je reste confondu, dit-il, de tant d'honneurs et de l'accueil gracieux que j'ai reçu à Reims. Mon plus grand désir est de revenir ici pour apprendre à mieux connaître cette belle cité, qui occupe un rang si distingué dans notre glorieuse histoire nationale et que je suis honteux de n'avoir connu que par les livres et la gravure. *(Salve d'Applaudissements).*

Il est ensuite procédé à la proclamation des récompenses ; M. le Rapporteur de chaque Commission expose, en détail, avant la délivrance du prix, les mérites du lauréat. — Nous publions un résumé de ces intéressants discours.

PRIX BUIRETTE de 1.000 francs

M. Maillet, Adjoint au Maire, justifie en ces termes le choix de l'Administration :

MESDAMES,

MESSIEURS,

« Ce prix doit être destiné à un Rémois qui se sera distingué par une invention utile, par une belle action ou par un service rendu au pays ». — C'est à ce dernier titre que nous allons décerner ce prix à une œuvre Rémoise, à la Société Mutuelle pour la propriété dite : l'UNION FONCIÈRE.

Un groupe important de philanthropes, après avoir fondé à Reims « la

Société Mutuelle de Prévoyance pour la Retraite », qui met l'ouvrier à même de s'assurer pour ses vieux jours une modeste pension pécuniaire ; après avoir créé « la Société des Établissements Économiques » qui offre à ce même ouvrier la subsistance de chaque jour au plus bas prix possible, ces hommes dévoués, voulant poursuivre leur œuvre morale et économique, portèrent leurs efforts sur la question des logements et organisèrent la Société l'**UNION FONCIÈRE** dans le but d'inspirer aux ouvriers l'amour et la pratique de l'épargne par l'attrait de la propriété.

Nous n'entrerons pas dans le détail du fonctionnement de cette Société, ce qui nous entraînerait beaucoup trop loin, nous allons simplement vous indiquer les résultats obtenus depuis sa fondation qui date de 1870.

Après avoir acquis divers terrains, elle a construit 54 maisons d'une valeur moyenne de 6.000 francs environ qu'elle a successivement mises à la disposition de ses sociétaires ; 11 de ces immeubles sont déjà soldés au moyen de cotisations perçues à domicile et les autres sont en cours de paiement. En outre, la Société a compris que pour des raisons de convenance personnelle, certains sociétaires pouvaient préférer tel quartier à tel autre, elle leur donne la faculté d'acquérir une maison de leur choix, bien à leur convenance et, à cet effet, elle leur fait les avances nécessaires. C'est ainsi qu'elle a avancé à 56 de ses adhérents une somme de 215.000 francs. 15 de ses sociétaires sont déjà libérés au moyen de leurs cotisations.

Indépendamment de ces opérations qui ont trait à la propriété, elle pratique les opérations spéciales à l'épargne sans affectation immobilière ; elle a reçu en dépôt, de 1850 sociétaires la somme de 1.610.000 francs. Son effectif est aujourd'hui de 1.100 membres et ses dépôts s'élèvent à 456.000 francs.

En présence de ces résultats qui nous démontrent les efforts, la bonne direction et les succès de cette société, nous n'hésitons pas à reconnaître que l'**UNION FONCIÈRE** a trouvé l'un des moyens les plus puissants pour inspirer l'amour de l'épargne en faisant voir que par la volonté soutenue l'homme peut, bien que placé dans des conditions peu avantageuses, améliorer sa situation et qu'il ne doit pas s'abandonner au pessimisme malheureusement si commun aujourd'hui. C'est le symptôme de la fatigue de peuples surmenés par l'effort industriel ou militaire et s'agitant sans avoir trouvé leur véritable formule économique. Mais cet état d'esprit cessera, nous l'espérons, car c'est l'activité utile, c'est le devoir de chaque jour, c'est le travail enfin, qui sauve et sauvera toujours l'humanité.

L'**UNION FONCIÈRE** l'a compris et mis en pratique et c'est pourquoi elle va recevoir aujourd'hui le prix Buirette de 1.000 francs.

Ce prix est remis par **M. le Maire** à **M. Houpillard**, président de la Société.

1°.— PRIX BUIRETTE de 500 francs

décerné par l'Administration Municipale

M. Jolly, Adjoint au Maire, au nom de l'Administration Municipale, fait le Rapport suivant :

MESDAMES,

MESSIEURS,

Parmi les 34 candidats qui sollicitaient cette année le prix Buirette de 500 francs, l'Administration Municipale a désigné pour cette récompense si enviée : **REUSSE** Jean-François-Emile, demeurant 171, rue du Barbâtre, né à Reims, le 5 janvier 1837 et employé depuis 38 ans à la Société des Déchets.

Reusse, candidat en 1889, n'avait pas depuis renouvelé sa demande ; cette année, c'est M. Renard, son patron, qui en a pris l'initiative. Cette démarche est le meilleur témoignage de l'estime qu'ont valu à Reusse ses longs et excellents services. Il a été, au dire de M. Renard, un modèle de bonne conduite et de travail.

Aujourd'hui courbé par la fatigue et devenu presque aveugle, il lui faut renoncer à sa tâche quotidienne qu'il n'avait pu continuer jusqu'ici qu'à force d'habitude et presqu'au toucher et il n'a plus à compter pour vivre que sur la modeste pension que lui servira la Société des Déchets.

Il nous a semblé que cette vie si honnêtement, si consciencieusement remplie, que ces infirmités contractées avant l'âge, plaidaient en faveur de Reusse, et c'est avec satisfaction que je le convie à venir recevoir la récompense qu'il a si bien méritée.

2°. — PRIX BUIRETTE de 500 francs

décerné par le Conseil des Prud'hommes

M. Sacy, Président du Conseil des Prud'hommes, expose ainsi les titres du Lauréat à cette récompense :

MESDAMES,

MESSIEURS,

Il a été déposé au Conseil des Prud'hommes six demandes pour le prix Buirette ; toutes sont dignes d'intérêt ; le Conseil en regrettant de ne pouvoir diviser le prix, est unanime à présenter comme bénéficiaire pour cette année : M⁰ᵉ Marie-Françoise **LAMBERT**, veuve **RION**.

Mᵐᵉ **RION**, âgée de 70 ans, est veuve depuis 13 ans ; elle a toujours travaillé pour la fabrique de Reims, comme tisseuse, trameuse et bobineuse ; elle a élevé neuf enfants dont quatre sont morts, quatre mariés et chargés de famille et un fils infirme à peu près à sa charge ; en ce moment, elle bobine pour MM. Benoist frères où elle est occupée depuis 40 ans, aujourd'hui l'ouvrage manque souvent et les gains sont si faibles que la misère est en permanence dans le ménage.

Le prix Buirette sera pour cette honnête ouvrière la juste récompense d'une longue vie de travail et de privations pour ses enfants ; le but de l'honorable fondateur sera donc bien rempli.

3°. — PRIX BUIRETTE de 500 francs

décerné par le Bureau de Bienfaisance

M. de Beffroy, Vice-Président de la Commission Administrative du Bureau de Bienfaisance, présente le Rapport suivant :

> MONSIEUR LE PRÉSIDENT du Conseil supérieur de l'Assistance Publique,
> MONSIEUR LE MAIRE,
> MESDAMES,
> MESSIEURS,

Le candidat que j'ai l'honneur de vous présenter au nom du Bureau de Bienfaisance, pour recevoir le prix fondé par l'honorable M. Buirette, est un vieillard âgé de 75 ans, Christophe **FAYON**, demeurant à Reims, rue Jacquart, 47.

Après s'être fixé dans notre ville en 1868, il entra dans les ateliers de MM. Lelarge et Losseau où il travailla la laine pendant plus de vingt années, et les renseignements qui nous ont été donnés sur sa moralité ne laissent rien à désirer.

D'autres fabricants chez qui il a aussi travaillé ont signé sa pétition en y ajoutant une note qui lui fait grand honneur.

Ce brave ouvrier se recommande encore par des actes de courage que je vous demande la permission de citer :

En 1870, pendant l'invasion, notre armée enfermée dans la ville de Sedan ne pouvait plus communiquer avec le dehors et manquait de tout. Fayon, vivement impressionné des malheurs de nos soldats n'hésita pas à leur porter des secours au milieu des dangers qu'il rencontra sur sa route. Atteint par un éclat d'obus, il en conserve une blessure qui le fait beaucoup souffrir.

En 1890, un incendie éclate avec violence chez son voisin qui ne peut plus sortir de sa maison ; à ses cris, notre candidat n'écoutant que son courage, se précipite au milieu des flammes et il a le bonheur de le sauver.

Christophe Fayon s'est marié le 7 novembre 1852 ; ce ménage que la misère a souvent visité, est toujours resté honnête, mais aujourd'hui, affaibli par l'âge et les infirmités ne pourra bientôt plus travailler ; les secours du Bureau de Bienfaisance ne lui suffiront plus.

C'est pourquoi, Messieurs, nous osons espérer, qu'appréciant les mérites de cette intéressante famille, vous voudrez bien vous joindre à nous pour réclamer le prix fondé par M. Buirette, qu'il a si bien mérité.

4°. — PRIX BUIRETTE de 500 francs

décerné par MM. les Curés

M. l'abbé **Martincourt**, Curé de l'Église de Saint-Maurice, donne lecture du Rapport suivant :

Mesdames,

Messieurs,

Au nom de MM. les Curés de la Ville, je suis heureux de présenter pour recevoir le prix fondé par M. Buirette Mlle Célestine **THIÉROT**, demeurant rue du Barbâtre, 161. Elle nous a paru répondre aux intentions du généreux fondateur.

Née à Sommepy le 2 août 1816, Mlle Thiérot habite Reims depuis 45 ans. Elle a toujours travaillé dans l'industrie lainière, à Sommepy d'abord et ensuite à Reims chez MM. Jacquet et Cie, sans que jamais on ait eu à se plaindre ni de son travail ni de sa conduite.

Pendant 41 ans, elle a vécu avec une ouvrière comme elle, partageant la même chambre, vivant à la même table, et lorsque la paralysie est venue frapper sa compagne, Mlle Thiérot a travaillé pour deux et pendant 15 ans elle l'a entourée de soins et de prévenances sans se décourager jamais.

A l'appui de sa demande, elle produit les meilleurs certificats, les plus touchantes recommandations. M. Lamorlette a été témoin de son dévouement, alors qu'il était Curé de la paroisse de Saint-Maurice, il lui rend le plus précieux témoignage.

Aujourd'hui, Mlle Thiérot a 78 ans, son grand âge ne lui permet plus un travail suffisamment rénumérateur ; ses petites économies sont épuisées, elle vit dans un état voisin de la misère. En lui donnant le prix Buirette, nous avons voulu récompenser une vie toute de travail et de dévouement, et nous avons la confiance que l'opinion publique ratifiera notre choix.

5°.— PRIX BUIRETTE de 500 francs

décerné par l'Œuvre de la Miséricorde

M. le Secrétaire du Conseil Municipal donne lecture du Rapport présenté par Mme la Présidente de la Société :

Mesdames,

Messieurs,

Mme Elisabeth-Françoise **LINOTTE**, née à Trois-Puits le 17 février 1823, s'est mariée le 5 août 1844 à André-Louis **LEFÈVRE**, né à Caudry (Nord) le 15 mai 1821 et décédé à Reims le 30 octobre 1886. Depuis son mariage, Mme Lefèvre habite Reims et est dans le même logement, 2, rue de l'Ecaille, depuis 22 ans. Mme Lefèvre avait un métier et a tissé chez elle pendant quarante-cinq ans. Depuis trois ou quatre ans seulement, ses forces s'étant épuisées, elle a dû abandonner son métier.

Mme Lefèvre a eu quatre enfants ; elle a perdu son fils aîné qui lui a laissé un enfant qu'elle a adopté ; une de ses filles, Victorine, avait épousé M. Giraud, décédé le 15 avril 1893 ; elle-même est morte le 9 mai 1894, laissant quatre enfants orphelins dont l'aîné n'a que treize ans. Les deux plus jeunes Gaston Giraud, âgé de sept ans, et Irma, âgée de quatre ans, furent placés à l'Hôpital-Général. Au mois d'août, l'Administration décida que ces deux enfants seraient envoyés dans les colonies. Mme Lefèvre, malgré sa triste situation, étant à la charge de son fils, tisseur chez MM. Noirot et Janson, n'a pas hésité à reprendre ces enfants, préférant la misère à une séparation indéfinie.

Les Dames du Conseil de l'Œuvre de la Miséricorde ont pensé que les titres de Mme Lefèvre, âgée et chargée de quatre orphelins, lui méritaient le prix fondé par le généreux M. Buirette.

6°.— PRIX BUIRETTE de 500 francs

dont l'attribution est réservée à la Société de Charité Maternelle

M. le Secrétaire du Conseil Municipal donne lecture du Rapport présenté par Mme la Présidente de la Société :

Mesdames,

Messieurs,

La Maternité de Reims, chargée d'attribuer le prix de la fondation Buirette a choisi cette année entre les différentes postulantes, une mère de famille jeune encore, dont les titres à cet encouragement lui ont paru des plus intéressants.

La femme **MAURER**, âgée de 33 ans seulement est une tisseuse, qui depuis l'âge de 15 ans a travaillé successivement dans les établissements de MM. Benoist, Lelarge et Walbaum. Mariée à 20 ans, elle a eu sept enfants, dont quatre sont encore vivants, et elle en attend tous les jours un nouveau.

Cette jeune femme, dont le mari est épileptique et variqueux, est très souvent empêché de travailler par ses infirmités, a toujours fait preuve d'un courage digne de tout éloge. Son intérieur bien pauvre est toujours tenu avec ordre et propreté, et ses enfants sont élevés avec un soin et une sollicitude touchante.

Restée seule l'hiver dernier pendant deux mois et demi, par suite du séjour de son mari à l'hôpital, elle a vaillamment supporté la lourde charge de ses quatre enfants, et est restée toujours confiante et pleine d'entrain, donnant ainsi à son entourage un exemple d'autant plus éloquent qu'il est sans aucune prétention. Aussi les Dames de la Maternité ont elles été unanimes à accorder à la femme Maurer, le prix de 500 francs dû à la générosité de l'un de nos bienfaiteurs, trop heureuses de pouvoir à la fois encourager cette modeste vaillance et procurer à cette intéressante famille un secours qui lui permettra de réparer bien des brèches et de pourvoir à des besoins bien urgents.

PRIX de 500 francs

fondé par M. Boucher de Crèvecœur de Perthes

M. Félix Benoist, au nom d'une Commission spéciale, a fait le Rapport suivant, dont M. le Secrétaire-Rédacteur du Conseil donne lecture :

Mesdames,

Messieurs,

Sept demandes ont été déposées entre les mains de M. le Maire pour le prix fondé par M. Boucher de Crèvecœur de Perthes.

Le jury, après un examen attentif des titres des postulantes, a décidé qu'il y avait lieu de partager en deux le prix de 500 francs, et, en conséquence, accorde :

1° A Mlle **MORLET**, Léonie, noueuse, née à Reims, âgée de 23 ans, demeurant rue de Beine, n° 27, la moitié du prix, soit 250 francs.

Mlle Morlet est l'aînée d'une famille de huit enfants, âgés de 6 à 21 ans;

son père est presque toujours malade, et sa mère, ayant à s'occuper des soins du ménage et de sa nombreuse famille, ne peut se livrer à aucun travail. M¹¹ᵉ Morlet consacre son modique salaire de 3 francs par jour à venir en aide, avec le plus grand dévouement, à ses parents et à ses frères et sœurs ; les nombreux certificats qu'elle a produits attestent son excellente conduite et son assiduité au travail.

2° A M¹¹ᵉ **THIÉRON**, Eugénie, rentrayeuse, née à Mezières (Ardennes), âgée de 23 ans, demeurant rue de Savoye, n° 19, l'autre moitié du prix, soit 250 francs.

M¹¹ᵉ Thiéron a perdu son père en 1884 et sa mère en 1893, après les avoir soignés avec un entier dévouement pendant leur longue et pénible maladie ; restée seule à la tête d'une famille composée de cinq enfants, elle s'efforce par son travail assidu et sa bonne conduite de subvenir aux besoins de ses frères et sœurs. De chaudes et sympatiques recommandations étaient jointes à sa demande.

3° Enfin, à M¹¹ᵉ **TUBOEUF**, Berthe-Marie-Louise, repasseuse, âgée de 28 ans, demeurant chaussée Bocquaine, 12, une mention honorable avec médaille de bronze, à titre d'encouragement.

PRIX de 500 francs

fondé par Mᵐᵉ Doyen-Doublié

M. Maillet-Valser, Adjoint au Maire, fait au nom de l'Administration, le Rapport suivant :

Mesdames,

Messieurs,

Le prix de 500 francs fondé par Mᵐᵉ Doyen-Doublié doit être délivré à un ouvrier appartenant à l'une des industries du bâtiment et particulièrement à celui qui se sera distingué par son travail, par sa conduite et surtout par l'accomplissement de ses devoirs filiaux.

En raison des nombreuses demandes qui ont été présentées et du mérite de la plupart des candidats, nous avons décidé que ce prix serait partagé en deux sommes égales de 250 francs chacune qui seront attribuées à **BRICOUT**, David, et **LECLÈRE**, Arthur.

BRICOUT est un ouvrier plombier âgé de 42 ans, marié et père de six enfants, dont l'aîné a 14 ans, son salaire est de 4 francs par jour. Ouvrier intelligent, laborieux et d'une grande honnêteté, il consacre aux siens tout le produit de son travail. Outre ses nombreux enfants il a aussi à sa charge les parents de sa femme, les époux Pâté que la vieillesse et les infirmités mettent hors d'état de subvenir à leurs besoins. Bricout remplit donc à tous les points de vue les conditions imposées par la testatrice et nous sommes heureux de pouvoir récompenser ce brave ouvrier d'une conduite aussi exemplaire.

LECLÈRE exerce la profession de tailleur de pierres, il est marié et père de quatre enfants de 13, 8, 6 et 2 ans. Il nous a produit des certificats des principaux entrepreneurs de maçonnerie de la ville qui tous témoignent de son assiduité au travail et de sa bonne conduite. Ajoutons qu'il a eu pendant plusieurs années, et jusqu'à leur mort, ses beaux-parents à sa charge.

Sapeur porte-hache à la Compagnie des Pompiers depuis douze ans et nommé caporal il a été cité plusieurs fois à l'ordre du jour de la Compagnie pour sa bonne tenue et son dévouement, ainsi que le mentionne un certificat du Capitaine-Commandant. C'est donc avec la plus grande satisfaction que nous lui décernons la seconde partie du prix fondé par la regrettée Mᵐᵉ Doyen-Doublié.

PRIX de 500 francs

fondé par M. Emile Cazier

M. Jolly, Adjoint au Maire, expose ainsi les titres des Lauréats à cette récompense :

MESDAMES,

MESSIEURS,

Le prix de 500 francs fondé par M. Cazier est partagé cette année entre deux candidats méritants à des titres divers : Louis-Victor **LECUYER,** demeurant 45, Faubourg-Cérès et Mᵐᵉ Vᵛᵉ **DROUET,** demeurant à la verrerie de Cormontreuil.

La vie a été dure pour **LECUYER** ; marié deux fois, il a eu cinq enfants du premier lit et quatorze du second. De ces dix-neuf enfants, il ne lui en reste que cinq. Malgré ces terribles charges de famille, Lecuyer eût suffi à la peine si un accident, une fracture du bras, et depuis, une maladie grave dont il n'est pas guéri, ne lui avaient rendu le travail bien difficile et ne l'exposaient à quitter bientôt la maison Isaac Holden, dans laquelle il travaille depuis trente ans et où ses enfants travaillent également. La récompense qu'il obtient aujourd'hui sera un adoucissement à ses peines.

Le mari de Mᵐᵉ **DROUET** avait déjà sollicité le prix Cazier il y a deux ans. Il était déjà atteint d'une maladie qui a duré 26 mois et à laquelle il a succombé au mois de juillet dernier. Il travaillait depuis dix-huit ans à la verrerie de MM. Charbonneaux qui lui ont témoigné leur satisfaction en prenant successivement dans leur établissement ses six fils à mesure que leur âge leur a permis de travailler. Mᵐᵉ Drouet après avoir eu neuf enfants, dont huit existent encore, après avoir soigné avec tout le dévouement possible son mari pendant sa cruelle maladie, se trouve presque à la charge de ses enfants. Elle a largement rempli sa tâche et mérite bien la récompense qui lui est accordée aujourd'hui.

PRIX de 220 francs

fondé par Mme Filleux d'Arrentières-Goury

M. Ch. Morizet, Adjoint au Maire, justifie en ces termes le choix de l'Administration :

MESDAMES,

MESSIEURS,

Mᵐᵉ Filleux d'Arrentières a fondé un prix de 220 francs en faveur de la mère de famille la plus recommandable par ses vertus et par la façon la plus honorable dont elle aura élevé sa famille ;

Ce n'est donc pas là, à proprement parler, un secours donné à une famille nécessiteuse, mais une récompense dans des conditions indiquées.

Parmi les 22 demandes qui nous ont été adressées, il en est une qui réunit toutes les conditions fixées par la testatrice ; c'est celle de Mᵐᵉ **LA-POULLE-TOUPRY**, ménagère, demeurant à Reims, rue de Vesle, 86.

Cette dame s'est mariée en 1878, avec M. Lapoulle, veuf avec quatre enfants dont l'aîné avait sept ans et le plus jeune six mois ; huit enfants sont nés de ce mariage. Mᵐᵉ Lapoulle a donné tous ses soins à cette nombreuse famille, adoptant les enfants du premier lit et les aimant comme les siens propres. Elle n'a abandonné à l'aventure ni filles ni garçons, tous ceux qui sont en âge de travailler ont un métier.

L'Administration municipale a pensé qu'une mère de famille qui trouvait le moyen, dans une situation des plus modestes, d'élever ses nombreux enfants en leur donnant à tous le goût du travail, qui avait su donner à chacun d'eux un métier, leur avait inspiré des sentiments de courage et d'honnêteté, méritait bien la récompense qu'elle sollicite ; aussi nous lui avons décerné le prix fondé par Mᵐᵉ d'Arrentières.

PRIX G.-H. de MUMM

(15 prix de 300 fr.)

M. Maillet, Adjoint au Maire, au nom de l'Administration Municipale, fait le Rapport suivant :

MESDAMES,

MESSIEURS,

L'importance de cette donation nous permet de décerner aux ouvriers ou ouvrières qui auront travaillé à Reims, depuis cinq ans au moins dans le commerce des vins de Champagne, quinze prix de 300 francs chacun. C'est donc une somme de 4.500 francs que nous allons remettre aux ouvriers dont les noms suivent :

1° Comme pensionnaires, à MM.

DESBORDES (Charles), âgé de 81 ans, pensionné depuis 1888.
PHILIBERT, dit Groffier, 72 ans, pensionné depuis 1888.
LADAME (Antoine-Marie), 48 ans, pensionné depuis 1892.
V⁰ᵉ BIMBERT-GÉNIN, 64 ans, pensionnée depuis 1893.

2° Comme lauréats ayant déjà reçu des récompenses les années précédentes, mais ne pouvant prétendre à être récompensés tous les ans :

BIJOT (Emile), 51 ans.
COPIN (Jean-Henri), 68 ans.
FRANÇOIS (Ernest-Eugène), 57 ans.
HAULET (Célestin-Joseph), 63 ans.
ROBERRINI (Léon), 60 ans.
THOMAS (Emile-Clovis), 35 ans.

3° Enfin les nouveaux lauréats qui sont au nombre de cinq et dont voici les noms et les titres :

CAVROT (Pierre-Joseph), est âgé de 67 ans, il a travaillé depuis 27 ans dans les maisons Gibert, Barnett et Jules Mumm. Aujourd'hui, affaibli par l'âge et la maladie, il ne peut non plus que sa femme, âgée de 60 ans, subvenir à leurs besoins. Cette famille se trouve dans une triste situation que l'attribution d'un prix de Mumm atténuera dans une certaine mesure et tout au moins jusqu'à ce que leur plus jeune fils âgé de 22 ans, et actuellement sans travail, puisse leur venir en aide.

LEROY (Arthur) est âgé de 47 ans et travaille depuis onze ans dans la maison G. H. Mumm et Cᵉ. Il a cinq enfants dont trois sont encore à sa charge. Blessé au bras droit pendant la campagne de 1870-71, il éprouve encore aujourd'hui, de ce fait, beaucoup de difficulté dans son travail.

Les nombreux certificats joints à son dossier le représentent comme un bon père de famille, soucieux de ses devoirs et s'attachant à les remplir de son mieux.

LUDRIOT (Jules), âgé de 60 ans, travaille depuis 31 ans dans la maison Werlé et Cᵉ et vient d'obtenir la médaille décernée par M. le Ministre du Commerce et de l'Industrie. Il a à sa charge sa mère, âgée de 80 ans, et son jeune fils âgé de 14 ans. Son fils aîné vient de mourir en Cochinchine tout récemment. Ce brave ouvrier nous a remis d'excellents certificats justifiés d'ailleurs par le long séjour qu'il a fait dans l'honorable maison qui l'emploie.

JOBERT (Jules), ouvrier de caves à Reims depuis 20 ans, a 37 ans seulement, mais ses charges sont lourdes car il a 7 enfants de 13 ans à 2 ans. Sa femme s'occupe avec la plus grande sollicitude de cette nombreuse famille ; et la propreté qui règne dans son intérieur est la preuve des habitudes d'ordre et de moralité de cette famille intéressante.

NORMAND (Victor), âgé de 40 ans, travaille dans la maison Walbaum, Luling, Goulden et Cᵉ depuis 15 ans. Père de 10 enfants il en a 8 vivants. Sa femme, malade depuis longtemps est soignée par sa fille aînée qui s'occupe en même temps du ménage, tous les autres enfants sont à sa charge. Il lui est réellement impossible, avec un salaire de 4 fr. 50 par jour de subvenir aux besoins d'une famille aussi nombreuse et l'attribution d'un prix de M. G. H. de Mumm ne peut recevoir une meilleure destination.

PRIX de 500 francs

fondé par M. Ernest Irroy.

M. le Rabbin Hermann, au nom d'une Commission spéciale, fait le rapport suivant :

MESDAMES,

MESSIEURS,

Parmi les nombreux candidats qui sollicitaient le prix fondé par M. E. Irroy, la Commisson, d'un commun accord, en a choisi deux, également dignes d'intérêt par leur conduite, leur moralité et leurs lourdes charges de famille, et a attribué le prix par moitié à MM. Bailly et Collard.

BAILLY, Félix-Auguste, demeurant rue de Brimont, 38, âgé de 40 ans, est attaché depuis six ans comme ouvrier caviste à la maison Walbaum, Luling, Goulden et C⁰. Ses patrons en font le plus grand éloge. Marié et père de sept enfants dont l'aîné a 13 ans et le plus jeune 3 mois, il n'a que son modeste salaire de 3 fr. 25 par jour pour subvenir aux besoins de sa nombreuse famille et de sa femme dont la santé est débile. En lui accordant un prix de 250 francs, la Commission a voulu récompenser en lui l'ouvrier laborieux et économe et le père de famille préoccupé de l'éducation et de l'instruction de ses enfants.

COLLARD (Clovis-Anatole), demeurant 4, rue S'-Jean-Césarée, à qui la Commission a décerné la seconde moitié du prix Irroy se recommandait également par sa bonne conduite et sa situation de famille. Né à Hurlus (Marne), le 19 Juillet 1855, il habite Reims depuis 1883. Il est marié et père de sept enfants dont l'aînée, une fille de 17 ans, est atteinte d'une paralysie de la bouche et dans l'impossibilité de travailler. Les autres enfants suivent encore les cours de l'école communale. Les époux Collard ne possèdent d'autres ressources que le produit du travail du mari, soit quatre francs par jour, à la maison Pommery et Greno où Collard est occupé comme ouvrier depuis 1888. Ses patrons sont très satisfaits de son travail et de sa conduite. L'attribution d'un prix de 250 francs sera d'un grand secours à cette famille intéressante et lui permettra d'attendre le moment où les enfants pourront contribuer par leur travail au bien-être de la maisonnée.

En terminant ce compte-rendu, qu'il nous soit permis de rendre encore une fois hommage à la bonne inspiration du généreux fondateur de ce prix. Puisse l'exemple de M. Irroy susciter encore de nombreux imitateurs, afin que l'émulation grandisse de plus en plus dans les classes laborieuses et que la vertu des humbles n'ait plus le moindre sujet de découragement ou de défaillance.

Prix C.-A. GOULDEN

(4 prix de 400 francs)

M. Maillet-Valser, au nom de l'Administration Municipale, s'exprime ainsi :

MESDAMES,

MESSIEURS,

Ces prix, au nombre de quatre, sont d'une valeur de 400 francs chacun et sont exclusivement réservés a des ouvriers ou ouvrières employés dans le commerce des vins de Champagne et qui, en raison de leur âge ou de leurs infirmités, paraîtront les plus méritants.

Sont admis comme pensionnaires, c'est-à-dire appelés à bénéficier tous les ans de ces prix :

Depuis 1889, Mme GUYOT-ARNOULD, âgée de 67 ans ;

Depuis 1892, PAYEN (Jean-Baptiste), âgé de 74 ans.

Les deux autres prix vont être décernés :

1° A la veuve BAUNY-VASSARD, âgé de 69 ans et travaillant depuis 20 ans dans la maison Ch. Arnould. Cette brave femme a eu 5 enfants et, non seulement aucun ne lui vient en aide, mais l'une de ses filles étant récemment décédée, laissant 7 enfants en bas-âge, elle est au contraire dans l'obligation de prendre soin de ses petits-enfants auxquels elle consacre son modeste salaire de 2 fr. 50 par jour.

2° A DERVAUX (Jacques), âgé de 77 ans, paralysé et dans l'incapacité absolue de travailler ; il a été occupé pendant 22 ans dans la maison Walbaum, Luling, Goulden et Cie. Son âge, ses infirmités et ses bons et longs services dans la maison ci-dessus dénommée le désignent suffisamment pour l'obtention de l'un des prix du généreux M. Goulden.

Prix GERBAULT-SIBIRE

(Deux prix de 800 francs)

M. Ch. Morizet, Adjoint au Maire, fait le rapport suivant :

MESDAMES,

MESSIEURS,

Mme Ve Gerbault-Sibire a laissé à la Ville de Reims, une somme annuelle de 1.000 francs pour être divisée en deux prix de 800 francs chacun qui seront décernés à des personnes de l'un et l'autre sexe, qui par des soins donnés à des parents, ou même à des étrangers, auront fait preuve de sérieux dévouements et de respectueuses affections.

23 demandes ont été adressées à l'Administration Municipale, la plupart étaient dignes d'intérêt, nous avons dû cependant nous limiter et faire un choix parfois difficile.

Voici très brièvement résumés les titres de mérite et les noms des personnes auxquelles ont été accordés les prix fondés par Mme Gerbault :

1° Un prix de 400 francs à M. **BRECK**, employé, âgé de 61 ans, demeurant à Reims, rue Victor-Rogelet, n° 21.

M. Breck a pris à sa charge un beau-frère et une belle-sœur encore enfants et les a gardés jusqu'à leur mariage ; il a élevé ensuite une nièce dont la mère venait de mourir et en a eu soin également jusqu'à son établissement.

Il a en outre pris chez lui, une autre belle-sœur avec trois jeunes enfants et les a conservés pendant deux années.

Non content de ce dévouement vis-à-vis des siens, il élève un jeune enfant sans parents, atteint aujourd'hui d'une paralysie des membres inférieurs et a pour ce pauvre abandonné les soins et l'affection d'un père.

C'est avec un modeste salaire de 1.600 francs que M. Breck a pu suffire à toutes ces charges ; nous pensons que le prix de M⁻ᵉ Gerbault ne saurait être mieux placé.

2° Un prix de 300 francs à M. **BARBOT**, employé, âgé de 28 ans, demeurant rue Savoye, n° 58.

M. Barbot a eu à sa charge et a soigné avec le dévouement d'un bon fils, sa mère et sa grand-mère, décédées toutes deux chez lui après de longues maladies.

Il élève aujourd'hui son jeune frère et saura en faire un bon et honnête travailleur comme lui.

3° Un prix de 300 francs à Mᵐᵉ veuve **CHARPENTIER-DAIRE**, ménagère, âgée de 66 ans, demeurant à Reims, rue Coquebert, n° 91. Mᵐᵉ Charpentier a eu neuf enfants, six sont encore vivants.

Elle a à sa charge, depuis 4 ans, sa fille âgée de 40 ans, aveugle, et les cinq enfants en bas âge de sa fille.

Le prix Gerbault sera bien placé chez cette brave et courageuse mère de famille.

4° Un prix de 360 francs à Mˡˡᵉ **ALBERT**, journalière, âgée de 22 ans, demeurant rue St Thomas, n° 22.

Mˡˡᵉ Albert est l'aînée de sept enfants, dont le plus jeune a 8 ans ; le père est mort il y a quelques années, et la mère est décédée aussi cette année après une longue maladie.

La sœur aînée sert de maman à ses frères et sœurs dont elle est la providence ; aussi malgré son jeune âge qui n'est d'ailleurs ici qu'un témoignage de son courage et de son dévouement, n'avons nous pas hésité à accorder un prix à Mˡˡᵉ Albert.

5° Enfin, un prix de 300 francs à la jeune **MARCHAL**, âgée de 20 ans, demeurant rue des Grands-Murs-St-Remi, n° 3.

A la suite du crime abominable qui la prive de sa mère (assassinée par un misérable), Mlle Marchal, comme Mlle Albert prit la direction du ménage ; le père, atteint d'une maladie grave, vient de succomber et cette jeune fille a maintenant seule la charge et la lourde responsabilité d'élever ses trois plus jeunes sœurs. Elle s'acquitte de ce devoir à merveille et nous sommes heureux de pouvoir récompenser aujourd'hui son dévouement.

J'invite nos lauréats à venir chercher les récompenses qu'ils ont si bien méritées et je les félicite hautement de leurs actes de charité et de dévouement.

Les exemples donnés par eux ne seront pas perdus, et leur manifestation dans des milieux aussi modestes n'en sont que plus touchants ; ils ont pratiqué simplement leur devoir, tout leur devoir en s'inspirant de la grande parole qui devrait être notre guide à tous : « Aimez-vous les uns les autres ».

PRIX de 500 francs

Fondé par M. Alexandre Huet-Troyon

M. Ch. Richard, adjoint au Maire, fait, au nom de l'Administration Municipale, le rapport suivant :

Mesdames,

Messieurs,

De même que l'an dernier, les deux prix de 500 francs de la fondation Alexandre Huet-Troyon ont été dédoublés et convertis cette année encore en quatre prix de 250 francs chacun, attribués comme suit :

Le premier de ces prix est donné à **JOINOT** (Alphonse-Ernest), ouvrier peintre en bâtiments, âgé de 51 ans et domicilié rue de Vesle, 101.

Né à Reims, qu'il a toujours habité, Joinot est marié et père de deux enfants, dont le dernier, âgé de 15 ans, est épileptique. Ouvrier depuis trente ans dans la maison Ernest Détré, Joinot est atteint depuis quatre années de douleurs rhumatismales, suite de coliques saturnines ; il est, en outre, paralysé d'un bras et ne peut plus être employé qu'à faire des courses, ce qui ne lui rapporte que 1 fr. 75 par jour. Sa femme ne peut, de son côté, se livrer à aucun travail et les seules ressources du ménage consistent en ce faible salaire de 1 fr. 75, auquel viennent s'ajouter les 2 fr. 50 de gain journalier du fils aîné, qui est caviste.

Les attestations les plus élogieuses nous ont été fournies sur Joinot, par son patron M. Détré, elles le représentent comme un ouvrier probe, laborieux et rangé et ce qui confirme ces bons témoignages, ce sont les trente années de séjour de Joinot dans cette honorable maison.

Joinot n'est pas seulement un honnête ouvrier tout dévoué aux intérêts de la maison qui l'emploie, il fût aussi un bon fils, car il a été, pendant onze ans, le soutien de ses vieux parents.

A tous ces titres, il nous a paru qu'il était bien digne du prix dont remise va lui être faite.

C'est à **PILTON** (Jean-Baptiste), ancien scieur de long, âgé de 44 ans, domicilié rue Reimbeau, 9, qu'est décerné le second prix.

Pilton habite Reims depuis 30 ans ; il est marié, et père de deux enfants, l'un de 8 ans, l'autre de 6 ans. Affligé d'une hernie inguinale, Pilton est de plus atteint depuis plusieurs années d'une maladie de cœur qui lui rend impossible l'exercice de sa profession. Son métier lui faisant défaut, il a dû pour se procurer des moyens d'existence se mettre à vendre du café, ce qui ne lui produit qu'un gain journalier de 1 fr. 75.

De son côté, sa femme a subi l'an dernier une douloureuse opération chirurgicale dont l'état général de sa santé a éprouvé un fâcheux contrecoup. Il en résulte qu'elle ne peut guère travailler et que par suite, les ressources du pauvre ménage sont des plus modiques.

Grâce à quelques économies péniblement amassées, Pilton avait pu acquérir une petite maison qu'il a été contraint de vendre lorsque la maladie s'est abattue sur sa femme et sur lui.

Dans ces conditions et les renseignements recueillis sur Pilton s'accordant à le représenter comme étant d'une moralité et d'une conduite exemptes de tout reproche, il nous a paru que le prix de 250 francs dont il va bénéficier sera bien placé entre ses mains.

A Mme **BOUVARD-BUSQUET** est attribué le 3e prix.

Née à Reims, qu'elle a toujours habité et où elle demeure actuellement Faubourg-d'Epernay, 24, Mme Bouvard est âgée de 51 ans ; mariée en 1862, elle a eu 18 enfants dont 7 sont encore existants. Bien que donnant à son mari aveugle depuis 22 ans tous les soins nécessités par cette infirmité, celui-ci, au mépris de tous ses devoirs l'a abandonnée il y a 4 ans, la laissant avec ses lourdes charges de famille dans une misère profonde, dans un dénûment absolu.

Mme Bouvard a travaillé pendant 30 ans en qualité de frangère et de bobineuse pour la fabrique de Reims, aujourd'hui, sa vue affaiblie, presque perdue, ne lui permet plus de se livrer à aucune occupation ; ce sont à peu près seuls les gains de deux de ses enfants qui fournissent à la pauvre famille ses moyens d'existence.

Si nous ajoutons qu'un de ses fils qui aurait pu l'aider un peu, vient de partir pour accomplir son service militaire, qu'un autre de ses enfants est dans un état de santé des plus précaires et qu'un troisième ne jouit pas de la plénitude de ses facultés, on comprendra aisément combien triste est la position de M⁰ Bouvard ; aussi compatissant à ses peines et à sa misère, et les renseignements recueillis sur elle lui étant de tout point favorables, nous n'avons pas hésité, pour faire entrer un peu de bien-être dans son pauvre logis, à décerner à M⁰ᵉ Bouvard, le 3ᵉ prix.

M⁰ᵉ JAUNE-PIERRET, ménagère, sur laquelle s'est arrêté notre choix pour le 4ᵉ prix, est âgée de 45 ans.

Fixée à Reims depuis 18 ans, elle habite chaussée Bocquaine, n° 10.

Cette femme a eu, elle aussi, sa large part d'épreuves, de souffrances et de misère, et malgré les vicissitudes de sa pénible existence, les attestations produites à l'appui de sa demande, témoignent qu'elle n'a point faibli sous le fardeau. M⁰ᵉ Jaune-Pierret a eu 9 enfants dont 8 sont encore présents à son foyer. Son mari, camionneur, n'a été, en ses 18 années de séjour à Reims, au service que de deux patrons qui en disent le plus grand bien ; malheureusement, sa santé laisse fort à désirer et en ce moment, il est encore alité, gravement malade.

Le fils aîné qui, seul, par ses gains aurait pu apporter un peu d'aide à sa famille, vient d'être appelé sous les drapeaux ; un autre est infirme et enfin un troisième vient d'avoir le bras droit fracturé.

Une situation aussi pénible devait éveiller notre commisération et nous avons cru répondre aux intentions du généreux donateur, M. Huet, en attribuant l'un des prix qu'il a fondés, à M⁰ᵉ Jaune-Pierret.

PRIX de 500 francs

donné par la Ville de Reims à la Société de Secours Mutuels la mieux administrée et organisée

M. Ch. Richard, Adjoint au Maire et Président d'honneur du Syndicat des Sociétés de Secours Mutuels de la Ville de Reims, justifie ainsi le choix de l'Administration Municipale :

MESDAMES,

MESSIEURS,

Reims, vous le savez, est l'un des foyers les plus actifs de la Mutualité française, l'un des centres où elle répand le plus largement ses bienfaits ; de là, la sympathie très vive dont les Sociétés de Secours Mutuels sont ici l'objet.

Cette sympathie est, en effet, de tous points justifiée. Ne sont-ce pas ces Sociétés qui, plus que toutes les autres, éveillent chez l'individu le sentiment de la dignité humaine et de la responsabilité ? Ne sont-ce pas elles qui créent, développent et fortifient ces sentiments de fraternité et de solidarité qui devraient unir tous les hommes ? Ne sont-ce pas elles, enfin, — ce qui leur constitue un titre de plus à notre sollicitude, — qui fournissent aux communes une aide appréciable par l'allégement qu'elles apportent aux charges, hélas ! si nombreuses et si lourdes de l'Assistance publique ?

A tous ces titres, Mesdames et Messieurs, les efforts de ces Sociétés, dont l'action est en tous points bienfaisante, méritent d'être soutenus et encouragés.

Pour notre part, nous sommes heureux de leur témoigner, en toutes circonstances, notre estime et notre sollicitude ; et c'est dans ces sentiments que, de concert avec le Conseil Municipal, nous avons créé en leur faveur un prix de mille francs, annuellement décerné par voie de concours, à celle d'entre elles dont l'organisation et la gestion nous paraissent se rapprocher le plus de l'idéal qu'on peut se donner en cette matière.

Après un attentif examen des dossiers qui lui ont été soumis, c'est à la Société de Secours mutuels dite **L'UNION DES TRAVAILLEURS**, que la Commission spéciale instituée par la Municipalité pour juger des mérites des Sociétés concurrentes a, cette année, attribué le prix.

Fondée en 1883, cette Société compte actuellement 104 membres, dont 91 participants. Originairement, elle ne donnait que les soins médicaux en servant en outre, à chacun de ses adhérents malades, une indemnité pécuniaire journalière de 1 fr. 25 pendant les trois premiers mois de la maladie et de 0 fr. 60 pendant les trois mois suivants.

Depuis que son capital a atteint le chiffre de 3.000 francs, la Société, qui avait tenu prudemment à se constituer tout d'abord un premier fonds, a ajouté à ces secours, les médicaments, en proscrivant toutefois les spécialités, lesquelles n'ont, le plus souvent, sur les autres produits pharmaceutiques, d'autre supériorité que celle de leur prix.

Au cas de décès, la Société **L'UNION DES TRAVAILLEURS** alloue en outre à la famille du Sociétaire défunt, une allocation funéraire de 35 francs.

Après avoir en ses dix années de fonctionnement, payé à 217 malades, 4,164 journées de maladie représentant une somme de 5.203 fr. 25 ; après avoir, en outre, depuis l'établissement du service pharmaceutique payé de ce chef 875 fr. 29, la Société **L'UNION DES TRAVAILLEURS** possède un avoir disponible de 3.268 fr. 45.

Etant donné la date relativement récente de sa fondation, ce sont là des résultats qui ne manquent pas d'importance et dont on peut se déclarer satisfait.

Les fondateurs de la Société qui avait, à l'origine, étendu jusqu'à 50 ans la limite de l'âge d'admission, sont revenus à des conditions plus prudentes et plus normales ; ils l'ont sagement abaissée à 45 ans ; ils eussent encore mieux fait, selon nous, en la fixant à 40 ans, ce qui constitue la règle partout adoptée.

Il ne faut pas oublier, en effet, que l'augmentation des risques de maladie est en raison directe de l'âge ; il importe donc de tenir à cet égard le plus grand compte du calcul des probabilités.

La cotisation qui est de 1 fr. 20 par mois, est bi-mensuellement perçue à domicile par le collecteur ; cette façon d'opérer en facilite le paiement.

Le système pratiqué en matière médicale est le paiement à la visite.

Le service des visites aux malades est bien organisé. C'est là un point qui, malgré son extrême importance, est parfois trop négligé dans quelques Sociétés. De là, en certains cas, des abus qui peuvent peser lourdement sur le modeste budget de ces institutions.

A l'UNION DES TRAVAILLEURS, les sociétaires se visitent réciproquement lorsqu'ils sont malades ; ils s'assurent de l'assiduité et de l'efficacité des soins donnés et se renseignent mutuellement sur tout ce qui peut les intéresser dans les cas d'adversités, chômages ou toutes autres circonstances malheureuses.

La Société l'UNION DES TRAVAILLEURS qui en a de suite compris les avantages, fait partie de la Réassurance.

Tels sont, dans les grandes lignes, l'organisation et le mode de fonctionnement de l'UNION DES TRAVAILLEURS.

Il nous reste, en terminant, à formuler quelques *desiderata*.

Le premier, c'est qu'au lieu d'accueillir seulement le chef de la famille, la Société ouvre sa porte à celle-ci tout entière ; ce faisant, l'UNION DES TRAVAILLEURS satisfera aux principes d'humanité, de moralité et de justice dont doivent toujours s'inspirer les Administrateurs des Sociétés Mutuelles ; ces institutions doivent être en effet un centre familial, le prolongement du foyer.

D'autre part, nous ne cesserons de répéter, parce que c'est là une vérité chaque jour démontrée, que si bien graduées qu'elles semblent être, les mises d'entrée ne compensent pas, à beaucoup près, la différence de risques résultant des différences d'âge.

Enfin si la Société l'UNION DES TRAVAILLEURS maintient à 45 ans sa limite d'âge d'admission, il lui faudra, de toute nécessité, si elle veut s'assurer l'avenir et se garantir contre tout mécompte, élever le chiffre de la cotisation demandée et le porter au minimum à 1 fr. 50 par mois.

Nous engageons vivement la Société l'UNION DES TRAVAILLEURS à porter son examen le plus sérieux sur ces trois points et nous nous permettons encore en finissant de l'engager à s'affilier à LA RUCHE qui, par ses ingénieuses combinaisons, offre à nos Sociétés de Secours Mutuels des facilités de recrutement dont elles auraient grand tort de ne point profiter.

Sous le bénéfice de ces observations, nous invitons la Société l'UNION DES TRAVAILLEURS, dans la personne de son Président, à venir recevoir le prix Municipal de 1.000 francs que lui a décerné la Commission.

PRIX de 2.000 francs

donné par la Ville à la Caisse de Réassurances des Sociétés Mutuelles de Reims

M. **Leduc**, Président de la *Caisse de Réassurances*, vient recevoir des mains de **M. le Maire** la somme de 2.000 francs qui est attribuée par la Ville à cette utile institution, et renouvelle à la Municipalité l'expression de ses sentiments de profonde gratitude.

MÉDAILLE D'HONNEUR

offerte par l'Administration Municipale à Mme veuve **Perthois**, Commissaire du Bureau de Bienfaisance, pour services rendus à cet établissement charitable.

M. **de Beffroy**, Vice-Président de la Commission Administrative du Bureau de Bienfaisance, expose ainsi les titres de la lauréate à cette marque de distinction :

MONSIEUR LE PRÉSIDENT du Conseil Supérieur de l'Assistance Publique,

MESDAMES,

MESSIEURS,

Les fonctions de Commissaire du Bureau de Bienfaisance consistent à visiter les familles nécessiteuses pour faire connaître à la Commission Charitable le degré de leur misère et le secours qui serait le plus urgent pour y parer.

Ces honorables fonctions demandent beaucoup de tact et de dévouement ; la Municipalité l'a si bien compris qu'elle a créé une médaille de vermeil de grand module pour récompenser chaque année le bénéficiaire désigné par le Bureau de Bienfaisance.

Aujourd'hui, c'est le tour de Mme PERTHOIS ; cette dame, depuis 1876, s'occupe des pauvres avec une intelligence, une délicatesse et un dévouement dignes des plus grands éloges, donnant non seulement l'aumône du cœur, mais encore celle de sa bourse.

Au nom du Bureau de Bienfaisance, j'ai l'honneur de vous prier de lui accorder la médaille qu'elle a si bien méritée.

MÉDAILLES D'ARGENT DU MINISTÈRE DU COMMERCE

Décernées pendant l'année 1894, à des Employés et Ouvriers ayant travaillé pendant plus de 30 années consécutives dans la même maison.

MM. Bergeronneau (Jean-Nicolas-Auguste), Maison Martin, Varin et Cie.
Blaise (Isidore), Compagnie du Gaz.
Blériot (Adonis-Corésius), Compagnie des Chemins de Fer de l'Est.
Bolâtre (Louis), maison Benoist frères.
Boulonnois (Jean-Baptiste), Société des Déchets.
Bourgoin (Louis), maison Margotin.
Boutard (Jean-Marie), Compagnie du Gaz.
Brodeur (Gustave-Martin), Compagnie du Gaz.
Mlle Carrez (Marie-Elisa), maison Fromentin-Leblanc.
MM. Chopin (Louis-Albert), maison Gérard.
Classine (Alexandre), maison Bourgeois-Botz.
Mme Delionnel, née Bannière (Marie-Augustine), maison Walbaum et Démarest.
MM. Doucet (Jean-Charles), maison Vendling.
Duchassin (Nicolas), Compagnie des Chemins de Fer de l'Est.
Duval (Edouard-Louis), Société des Déchets.
Enob (François), Compagnie des Chemins de Fer de l'Est.
Fercot (Auguste-Alphonse), maison Martin, Varin et Cie.
Gaillot (Nicolas-Joseph), maison Grandjean.
Garmigny (Louis-Gérard), maison Bourgeois-Botz.
Garnotel (Edouard-Auguste), Compagnie des Chemins de Fer de l'Est.
Gauché (Jean-Remy), Compagnie du Gaz.
Jonet (Emile-Edmond), maison Vve Pommery.
Journet (Nicolas), maison Walbaum et Démarest.
Jumelet (Louis-Constant), maison Martin, Varin et Cie.
Lecrux (Constant-Victor), maison Roederer.
Ludriot (Nicolas-Jules), maison Werlé.

MM. Magny (Ernest), maison Bonant et Mignot.
   Pâté (Amédée-Jules), maison Chappat.
   Paul (Jean-Victor), maison Houlon.
   Phibracq (Jules-Ernest), maison Martin, Varin et C⁴ᵉ.
   Pouillard (Alphonse-Aimé), maison Grandjean.
   Rousse (Jean-François), Société des Déchets.
   Riveret (Louis-Léon), maison Rœderer.
   Surtouque (Louis), maison Kalas.
   Valschaerts (Louis), maison Simon père et fils.

DISTINCTIONS HONORIFIQUES

accordées en 1894.

CROIX DE CHEVALIER DE LA LÉGION D'HONNEUR

MM. Firmin CHARBONNEAUX, Maître de verreries.
   MICHAUT, Ingénieur de 1ʳᵉ classe des Ponts et Chaussées.
   MITTELHAUSER, Commissaire spécial de la Police des Chemins de
      fer.

PALME D'OFFICIER DE L'INSTRUCTION PUBLIQUE

Mᵐᵉ DELIUS, Présidente du Comité Rémois de l'*Union des Femmes de
   France.*

PALMES D'OFFICIER D'ACADÉMIE

MM. BERNARD, Président de la Société Mutuelle de Prévoyance pour la
      retraite.
   LAURENT, Professeur de Physique au Lycée.
   NOBLESSE, Secrétaire de la Chambre de Commerce.
   PIESVAUX, Chef de la Société de Gymnastique « La Gauloise ».
   L. RAÏSSAC, Secrétaire en chef de la Mairie.
   Dʳ ROBIN, Médecin des Ecoles.

Des applaudissements unanimes ont accueilli la proclamation
des Lauréats.

La Musique Municipale fait alors entendre la « *Marseillaise* »
que toute l'assemblée écoute debout.

Avant de lever la séance, M. le Maire fait connaître que sur l'invitation qu'il leur a fait adresser, les titulaires des 127 livrets de retraite donnés par la Ville, par MM. Jules **Henrot**, Victor **Lambert, Beaufils, Chauffert, Allart, Godbert, F. Lelarge** et les Etablissements Economiques, se trouveront réunis au foyer du Grand Théâtre, où la distribution leur sera faite à l'issue de la présente cérémonie.

La séance est levée à 5 heures.

DISTRIBUTION DES LIVRETS DE RETRAITE

La touchante cérémonie de la distribution des prix de vertu a eu pour épilogue celle des livrets de retraite, dans le grand foyer du Théâtre.

Là, s'étaient groupés avec leurs familles, dimanche, à cinq heures du soir, 127 jeunes gens des deux sexes, bénéficiaires de ces livrets ; le foyer était comble.

Au bureau avaient pris place M. Ch. **Richard**, adjoint au Maire, président ; M. le Sénateur **Diancourt** ; MM. **Jules Henrot, Chauffert, F. Lelarge, Bernard** et **Lemoine**, membres de la Commission d'encouragement à la prévoyance ; **Beaufils** et **Houpillard**.

La parole ayant été donnée à M. **Chauffert**, rapporteur de la Commission, celui-ci donne lecture du rapport suivant :

MESDAMES,

MESSIEURS,

Comme tout le monde le sait, il est indispensable, surtout maintenant, de mettre de l'argent de côté pendant sa jeunesse, si l'on veut avoir de quoi vivre dans sa vieillesse, sans avoir recours à la charité publique ou privée.

A Reims, on habitue heureusement la jeunesse à l'épargne presque dès l'enfance par les livrets scolaires. Beaucoup d'enfants ont, en effet, aujourd'hui, un livret de Caisse d'Epargne ouvert, sur lequel il n'y a plus qu'à verser de temps en temps, chaque fois qu'on le peut.

Le livret de Caisse d'Epargne est une excellente chose puisqu'il met de l'argent à votre disposition pour les moments difficiles que l'on aura à traverser.

On ne peut que l'encourager ; et dans notre ville on n'y faillit pas, car outre les nombreux dons individuels, la Caisse d'Epargne de Reims elle-même prend annuellement sur ses revenus, une somme de 4.000 francs qu'elle distribue sous forme de 200 livrets de 20 francs chaque, aux enfants les plus méritants de nos écoles, sous la réserve que ces sommes ne pourront pas être retirées avant une époque déterminée.

Cela est fort beau sans doute, mais il y a le revers de la médaille : c'est qu'on peut trop facilement retirer de la Caisse d'Épargne tout ou partie des fonds qu'on y a déposés et souvent il ne reste plus rien pour la vieillesse.

L'épargne, pour être complète et bien entendue, doit revêtir deux formes :

La Caisse d'Epargne comme nous venons de l'exposer, mais il est nécessaire d'y joindre la Caisse de Retraite. Celle-là, malheureusement est moins entrée dans les habitudes de la population.

L'argent qu'on y dépose y reste, on ne peut plus le retirer et on devient rentier quand même.

M. Lesage, avait bien compris l'utilité de cette seconde forme de l'épargne et le 1ᵉʳ Mai 1849, il fondait à Reims la Société Mutuelle de Prévoyance pour la Retraite, qui a si bien réussi et a rendu de si grands services à notre population laborieuse.

Grâce à cette fondation, il est maintenant démontré à tous, qu'avec une modeste cotisation on peut avoir des rentes à 60 ans.

Ceci n'est pas un leurre, les faits sont là et parlent d'eux-mêmes.

La Société Mutuelle de Prévoyance pour la Retraite paie actuellement à ses rentiers une somme annuelle de cent mille francs en chiffres ronds.

Son capital, au 31 décembre 1893, était de 1.555.806 fr. 10 pour 2.816 membres titulaires dont 306 sont rentiers de la Société.

Le 31 Janvier 1894, les rentes distribuées dépassaient un million de francs (1.000.634 fr. 50).

Les bienfaits de l'Association pour la retraite ont donc été compris par une partie de notre population, mais ce n'est pas assez. Il faut l'encourager afin que le nombre de ceux qui en profitent devienne beaucoup plus grand.

C'est une noble tâche à laquelle s'est dévoué notre généreux compatriote, M. Jules Henrot, qui fonda de ses deniers la Société d'encouragement à la prévoyance.

Les services que cette Société était appelée à rendre furent vite compris. M. Jules Henrot eut la satisfaction de voir se joindre à lui, l'Administration et le Conseil Municipal, ainsi que d'autres personnes entraînées par son bel exemple.

La Société a fondé des prix d'encouragement à la prévoyance. Elle les distribue en livrets de 25 francs à la Société Mutuelle de Prévoyance pour la Retraite. Ils sont donnés à des jeunes gens des deux sexes âgés de 13 à 23 ans, occupés dans l'industrie ou le commerce rémois.

En 1892, année de la fondation, il fut distribué 67 livrets.

En 1893, il fut distribué 123 livrets

En 1894   —   127   —

ces derniers, offerts par la Ville de Reims, MM. Jules Henrot, Victor Lambert, la Société des Etablissements Economiques, MM. Beaufils, F. Lelarge, Godbert jeune, Allart et Chauffert, auxquels viendront certainement se joindre d'autres donateurs l'an prochain quand on connaîtra mieux le but de l'œuvre et que c'est une façon de récompenser d'une façon durable, ses employés, ouvriers ou serviteurs.

Quant à ceux à qui les livrets vont être remis, qu'ils paient régulièrement leurs cotisations dans la proportion de leurs ressources. Ils feront voir à tous qu'ils étaient dignes de la confiance que nous avons eue en eux.

Dans la voie des économies, c'est le premier versement qui est le plus difficile; nous l'avons fait pour eux. Que l'exemple qu'ils vont donner d'être de bons sociétaires soit un enseignement pour d'autres ; ils auront de cette façon acquitté leur dette en nous aidant dans notre propagande pour le bien. *(Applaudissements unanimes).*

Après cette lecture et avant de procéder à l'appel des lauréats, M. Ch. Richard prononce à son tour quelques mots, et dit qu'il n'a rien à ajouter à ce qui vient d'être si bien dit par M. le Rapporteur Chauffert; il tient seulement à associer les remerciements de l'Administration Municipale à ceux qui viennent d'être adressés par la Commission de la Prévoyance aux généreux donateurs de livrets auxquels il souhaite beaucoup d'imitateurs, afin d'accroître encore le nombre des jeunes prévoyants.

En finissant, M. Richard exhorte chaleureusement chacun de ceux et de celles qui vont profiter de ces livrets à marcher toujours résolument et sans défaillance dans la voie salutaire et féconde de la prévoyance et de l'épargne, et il exprime le vœu qu'aucune cause fâcheuse quelconque, maladie ou chômage, ne vienne les empêcher.

M. J. **Draveny**, Secrétaire du Conseil Municipal, fait ensuite l'appel des 127 lauréats.

La séance est levée à cinq heures et demie.

REIMS. — IMP. A. MANGUIN

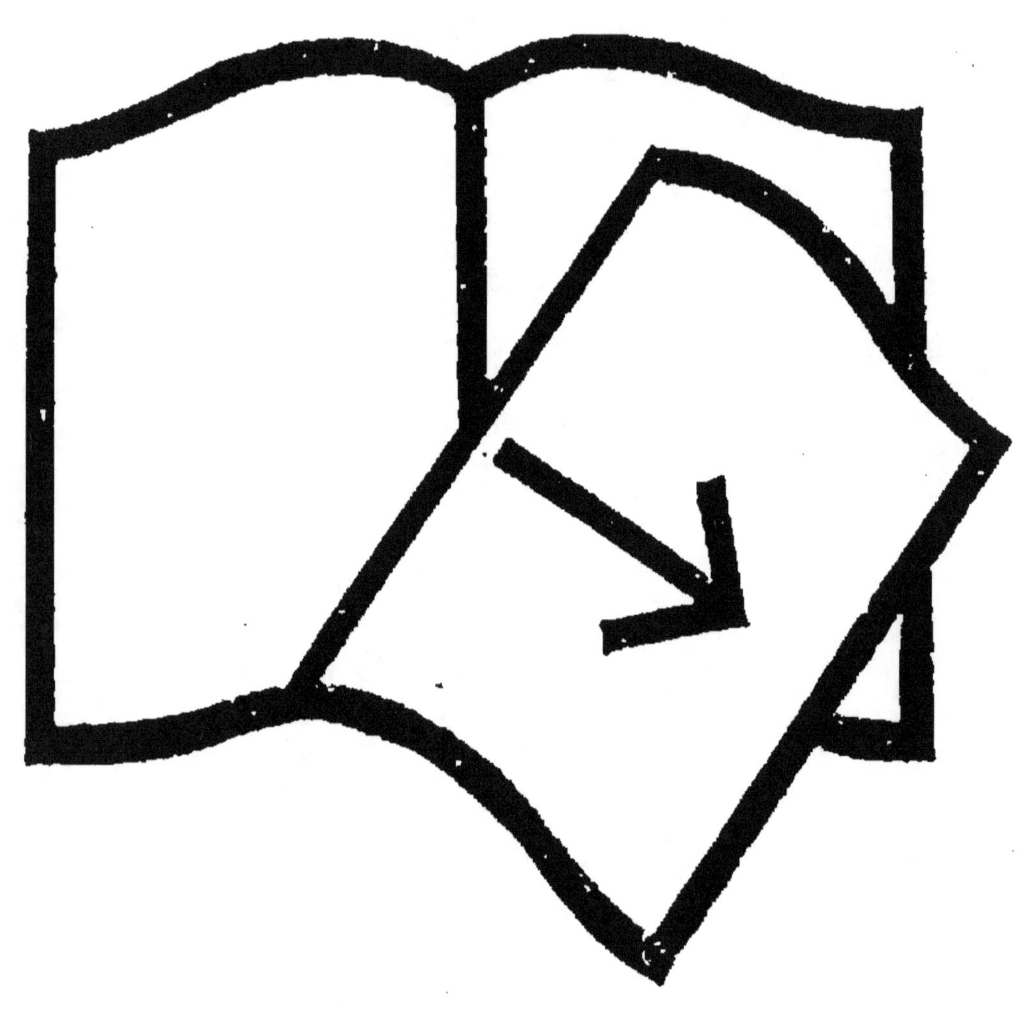

Documents manquents (pages, cahiers...)
NF Z 43-120-13